RÉPUBLIQUE FRANÇAISE

MINISTÈRE DE LA GUERRE

CAHIER DES CHARGES GÉNÉRALES

DU 6 MAI 1908

pour la fourniture, aux divers services du Département de la guerre, du cuivre rouge en lingots et en plaques, en barres, en fils, en feuilles, en bandes, en ceintures pour obus, en tubes pour ceintures, en barrettes pour ceintures, des rivets en cuivre et des pièces en cuivre.

(Mis à jour au 1er janvier 1917.)

PARIS

HENRI CHARLES-LAVAUZELLE
Éditeur militaire
124, Boulevard Saint-Germain, 124

MÊME MAISON A LIMOGES

RÉPUBLIQUE FRANÇAISE

MINISTÈRE DE LA GUERRE.

Directions de l'Artillerie, du Génie, de l'Intendance militaire et des Poudres et Salpêtres; Bureau du matériel — N° 61.

Cahier des charges générales pour la fourniture, aux divers services du Département de la guerre, du cuivre rouge en lingots et en plaques, en barres, en fils, en feuilles, en bandes, en ceintures pour obus, en tubes pour ceintures, en barrettes pour ceintures, des rivets en cuivre et des pièces en cuivre.

Documents abrogés : *Néant.*

Classement : *Volume n° 25 du Bulletin officiel, édition méthodique, page 121.*

Paris, le 6 mai 1908.

Article 1er.

NATURE DES DIVERSES CONDITIONS TECHNIQUES IMPOSÉES.

Les conditions techniques imposées se rapportent à une ou plusieurs des catégories suivantes :

1° Conditions de marque et de provenance des produits ;

2° Conditions intéressant la composition chimique des produits ;

3° Conditions intéressant les propriétés mécaniques des produits ;

4° Conditions concernant les épreuves de malléabilité imposées aux produits en vue de s'assurer qu'ils conviennent à l'emploi auquel ils sont destinés.

Article 2.

VÉRIFICATION DE LA MARQUE OU DE LA PROVENANCE DES PRODUITS.

Lorsqu'une condition relative à la marque ou à la provenance du produit est imposée, la vérification se fait de la manière suivante :

Tous les lingots composant la fourniture devront porter la marque ou l'une des marques imposées; si celle-ci est apposée à froid, le fournisseur devra produire un certificat d'authenticité.

Quand les produits seront présentés à l'examen de l'agent du contrôle, celui-ci prélèvera dans la fourniture, à titre d'échantillon, un élément semblable à ceux qui la composent et empreint des mêmes marques si les produits livrés en comportent.

Si les produits présentés doivent être livrés dans l'état où ils se trouvent, le ou les échantillons ainsi prélevés resteront la propriété de l'État.

Ils seront envoyés, par les soins du contrôle, à la section technique de l'artillerie où ils serviront, au besoin, pour la vérification de l'authenticité et de la qualité de la fourniture.

Si, au contraire, les produits sont destinés à être transformés dans les ateliers du fournisseur, les échantillons prélevés seront conservés par le contrôle jusqu'à l'expiration du délai de rebut des fournitures correspondantes, tel qu'il résulte des conditions du marché ou du cahier des charges spéciales.

Ils serviront, en cas de contestation, pour la vérification de l'authenticité et de la qualité des produits employés à la fabrication.

A l'expiration du délai de rebut dont il est question ci-dessus, ils seront remis au fournisseur.

Dans le cas où les différentes parties entrant dans la fourniture seraient présentées au contrôle en plusieurs livraisons partielles, chacune de ces dernières donnerait lieu au prélèvement d'un échantillon.

Article 3.

VÉRIFICATION DE LA COMPOSITION CHIMIQUE DES PRODUITS.

Lorsque des conditions relatives à la composition chimique des produits sont imposées, la vérification de ces conditions se fait de la manière suivante :

Un échantillon par coulée est prélevé par les agents du contrôle et envoyé, par leurs soins et aux frais de l'État, à la direction des forges pour être analysé par les soins du laboratoire de la section technique de l'artillerie (1).

Dans le cas où les produits sont traités dans des creusets, il

---

(1) Dans le cas où l'analyse devrait être faite par un autre établissement, le cahier des charges spéciales le spécifierait.

n'est prélevé d'échantillon que pour l'ensemble des creusets traités à la fois, pourvu que leur chargement ait été identique.

Les agents du contrôle peuvent, lorsqu'ils le jugent nécessaire, prélever, à un moment quelconque de la mise en œuvre du métal, des échantillons qui sont soumis à l'analyse par les soins du laboratoire de la section technique de l'artillerie.

Les échantillons prélevés doivent être choisis dans diverses parties de la fourniture, de façon que l'ensemble de l'échantillon ait la composition moyenne du lot correspondant. A cet effet, ils doivent comprendre des parties prises dans le plus grand nombre possible d'éléments de la fourniture.

Les échantillons prélevés doivent comprendre environ 300 grammes en copeaux fins parfaitement exempts de rouille ou d'oxyde et deux fragments prismatiques de 100 à 150 grammes chacun destinés au dosage de l'oxygène et du soufre.

La moitié des copeaux et un des fragments prismatiques seulement seront envoyés à la direction des forges dans des flacons ou des sachets en toile gommée ou papier parcheminé.

L'autre moitié et le deuxième fragment prismatique sont conservés par les agents du contrôle pour servir, s'il y a lieu, à la contre-analyse que le fournisseur pourrait demander en cas de rebut. S'ils ne sont pas utilisés, ils sont rendus au fournisseur après la notification à celui-ci et l'acceptation par lui du résultat des essais.

Les échantillons destinés à l'analyse ne sont pas payés au fournisseur et sont remplacés par lui dans la fourniture.

Article 4.

VÉRIFICATION DES PROPRIÉTÉS MÉCANIQUES.

Lorsque des conditions relatives aux propriétés mécaniques sont imposées, elles consistent en des essais de traction.

Ces essais sont exécutés, sous la surveillance du contrôle, dans les ateliers du fournisseur et à ses frais, ou, à défaut des appareils nécessaires, dans un établissement choisi d'un commun accord entre les agents du contrôle et le fournisseur.

Cependant, chaque fois que les agents du contrôle le jugeront nécessaire pour vérifier le réglage de la machine de traction du fournisseur, celui-ci sera tenu de mettre à la disposition du contrôle des éprouvettes de traction *tout usinées*, destinées à être essayées sur les appareils des établissements destinataires, ou, s'il y a lieu, de la section technique de l'artillerie.

Les éprouvettes prélevées ne seront pas payées au fournisseur et seront remplacées dans la fourniture.

Elles seront prises de préférence dans les bouts de barres ou dans les chutes de feuilles. Elles sont prélevées sur le métal après qu'il a été recuit.

Dans les feuilles, elles seront prises perpendiculairement au sens du laminage. Il en sera de même dans les bandes chaque fois que leurs dimensions le permettront.

La préparation des éprouvettes se fera à l'outil à froid, de façon que le corps de l'éprouvette ait une largeur ou un diamètre inférieur de 6^{mm} à la largeur ou au diamètre des têtes, mais la dernière couche de métal sera enlevée à la lime qui devra prendre au moins une épaisseur de $0^{mm},5$.

Les arêtes des éprouvettes plates seront adoucies au papier émeri fin.

Les dimensions des barrettes doivent satisfaire à la loi de similitude : $L^2 = \dfrac{200}{3} \times S$, L étant la longueur de l'éprouvette entre les repères exprimée en millimètres et S la surface de section du corps de l'éprouvette exprimée en millimètres carrés.

Toutefois, les éprouvettes d'épaisseur inférieure à 5^{mm} auront toutes 100^{mm} de longueur entre les repères ; leur largeur sera de :

14^{mm} pour les éprouvettes d'épaisseur inférieure à $0^{mm},8$,
8^{mm} pour les éprouvettes d'épaisseur comprise entre $0^{mm},8$ et $2^{mm},8$,
6^{mm} pour les éprouvettes d'épaisseur supérieure à $2^{mm},8$.

Les têtes des éprouvettes auront un diamètre ou une largeur supérieure de 6^{mm} à celle des corps ; elles seront raccordées au corps par un congé de rayon égal à 6^{mm}.

Les traits de repère devront être placés à une distance de $7^{mm},5$ au moins de la naissance du congé des têtes.

Les éprouvettes prises sur les fils sont bien dressées ; leur longueur est choisie de manière que la partie comprise entre les organes d'attache soit un peu supérieure à un mètre. Les repères sont exactement distants d'un mètre. L'essai n'est considéré comme régulier et valable que si la rupture se produit entre les repères et à 20^{mm} au moins du point de repère le plus voisin.

Les lots de réception sont constitués en principe des produits qui ont été fabriqués simultanément et ont fourni une charge de recuit.

Toutefois, pour les bandes et feuilles d'épaisseur inférieure à $0^{mm},8$, les lots de réception ne doivent pas dépasser 1,000 kilogr., et, pour les bandes et feuilles d'épaisseur égale ou supérieure à $0^{mm},8$, ils ne doivent pas dépasser 2,500 kilogr.

Les essais de traction comportent la mesure de la résistance en kilogrammes par millimètre carré de la section primitive de l'éprouvette et la mesure de l'allongement pour 100 de la longueur comprise entre les repères.

Il est fait deux essais par lot de réception. Toutefois, le nombre des essais peut être réduit lorsque les agents du contrôle, sous leur responsabilité, estiment que cette réduction peut être faite sans inconvénient, en raison de la régularité de la fabrication.

Tout essai sur métal sain donnant un résultat défectueux entraîne le rebut du lot à moins que deux contre-essais, effectués sur des éprouvettes provenant de la même pièce, ne donnent de bons résultats.

Tout essai donnant un résultat défectueux par suite d'un défaut local est annulé; l'éprouvette correspondante est remplacée. Toutefois, si l'application de cette règle conduisait à prélever plus de 6 éprouvettes, le lot serait rebuté.

Article 5.

EXÉCUTION DES ÉPREUVES DE MALLÉABILITÉ.

Lorsque des conditions sont imposées comprenant des épreuves de malléabilité (pliage, retournement, etc.), celles-ci sont exécutées dans les ateliers du fournisseur, par ses soins et à ses frais, en présence des agents du contrôle.

Chaque épreuve est répétée deux fois pour chaque lot de réception constitué comme il est dit à l'article 4 ci-dessus.

L'acceptation ou le rebut du lot à la suite de chaque épreuve est prononcé dans les conditions indiquées aux deux derniers alinéas de l'article 4.

Article 6.

CUIVRE PUR EN LINGOTS.

Le cuivre pur en lingots devra provenir des Lacs Supérieurs et porter l'une des marques ci-après, à l'exclusion de toutes autres :

    Hécla et Calumet : C H M C°;
    Tamarach-Oscéola : T O L S;
    Franklin : F M C°;
    Quincy : Q M C°;
    Tamarach : T M C° ou T L S;
    Oscéola : O C M C° ou O L S;
    Atlantic : A M C°.

Chaque livraison sera constituée par des lingots de la même marque.

Le poids de chaque lingot ou fragment de lingot devra être inférieur à 30 kilogr.

Article 7.

CUIVRE PUR ÉLECTROLYTIQUE EN PLAQUES.

Le cuivre pur électrolytique devra être livré en cathodes non refondues, obtenues par voie galvanique. Chaque livraison devra être constituée par des cathodes de la même provenance.

Les plaques devront, s'il en est besoin, être sectionnées de façon que leur largeur ne dépasse pas 15 centimètres.

Le poids de chaque plaque ou section de plaque devra être inférieur à 30 kilogr.

Le total des matières étrangères contenues dans le cuivre pur électrolytique ne doit pas dépasser 0,2 p. 100.

Article 8.

CUIVRE ORDINAIRE EN LINGOTS.

Le cuivre ordinaire en lingots ne devra pas contenir plus de 1 p. 100 de plomb, ni plus de 5 millièmes en totalité de matières étrangères autres que le plomb.

Il ne devra pas contenir plus de 3 millièmes de fer ou d'étain.

Il ne devra pas contenir plus de 1 millième d'arsenic et d'antimoine réunis.

Il ne devra pas contenir de soufre en quantité pondérable.

Il ne devra pas contenir plus de 1 demi-millième de chacune des matières suivantes : argent, zinc, nickel, cobalt, bismuth.

Article 9.

CONDITIONS PARTICULIÈRES A OBSERVER DANS LA FABRICATION DES CUIVRES AUTRES QUE LES CUIVRES EN LINGOTS ET EN PLAQUES.

Après les diverses passes du laminoir, les défauts apparents doivent être enlevés au burin.

A moins de prescriptions contraires contenues dans le cahier des charges spéciales, le cuivre est livré recuit, décapé et de couleur rouge clair.

Le décapage est effectué vingt-quatre heures au moins avant l'examen du métal par les agents du contrôle.

Lorsque le cahier des charges spéciales le spécifie, le cuivre est rendu brillant par un laminage à froid.

Le cuivre ne doit présenter ni doublures, ni criques, ni fentes, ni pailles, ni gerçures, ni piqûres, ni cendrure, ni manque de matières ou autres défauts pouvant nuire à la solidité.

Article 10.

CUIVRE EN BARRES ET EN FILS.

Le cuivre en barres et en fils peut être de deux qualités différentes, savoir :

Cuivre pur en barres et en fils ;
Cuivre ordinaire en barres ou en fils.

Ces deux qualités ne diffèrent que par les conditions imposées relativement à la composition chimique.

Aucune condition n'est fixée relativement aux marques ou provenance des cuivres à employer dans la fabrication.

§ 1. — *Composition chimique.*

Le cuivre pur ne doit pas contenir en totalité plus de 2,5 p. 1,000 de matières étrangères, et il ne devra pas contenir plus de 1,5 p. 1,000 d'oxygène.

Le cuivre ordinaire ne doit pas contenir en totalité plus de 4 p. 1,000 de matières étrangères.

Dans les deux qualités de cuivre, les impuretés constituées par les éléments, autres que le plomb, spécifiés à l'article 8 ci-dessus, ne doivent pas entrer dans une proportion supérieure à celle indiquée audit article ; le plomb ne doit pas entrer dans une proportion supérieure à 0,8 p. 1,000.

§ 2. — *Conditions mécaniques.*

Les éprouvettes de traction prélevées, préparées et essayées dans les conditions indiquées à l'article 4 ci-dessus, doivent donner au minimum les résultats suivants :

Résistance à la rupture : 22 kilogr. pour les cuivres en barres et en fils.

Allongement p. 100 $\begin{cases} 42 \text{ p. } 100 \text{ pour les cuivres en barres.} \\ 40 \text{ p. } 100 \text{ pour les cuivres en fils.} \end{cases}$

Il n'est pas fait d'essais de traction sur les cuivres en fils de moins de 2^{mm} de diamètre.

§ 3. — *Épreuves de malléabilité.*

Les épreuves de malléabilité, exécutées dans les conditions fixées à l'article 5 ci-dessus, comportent des essais de pliage et des essais d'aplatissement.

Essais de pliage. — Des bouts de 150^{mm} de longueur, prélevés sur les barres après le recuit, sont ployés de manière que les deux extrémités juxtaposées en ligne droite viennent au contact l'une de l'autre en conservant leur section, la boucle ainsi formée ayant un diamètre double de celui du fil. Le métal, après l'épreuve, ne doit présenter aucune crique, fissure ou fente.

Essais d'aplatissement. — Cette épreuve s'exécute à froid sur métal recuit. Un bout d'une longueur égale à la plus grande dimension transversale de la barre, placé debout sur une enclume, est écrasé au marteau ou au pilon de manière à former une galette dont l'épaisseur soit le quart de la plus grande dimension transversale de la barre. Les arêtes vives des bouts soumis à l'essai sont préalablement adoucies à la lime. Il ne doit se produire aucune crique sur les bords de la galette.

§ 4. — *Tolérances sur les dimensions.*

Les dimensions transversales des barres doivent être régulières dans toute leur longueur.

A moins d'indications contraires spécifiées dans les cahiers des charges spéciales, les tolérances sur les dimensions sont les suivantes :

Sur la longueur.	Pour les longueurs égales ou inférieures à 2 mètres	$\pm 2^{mm}$
	Pour les longueurs supérieures à 2 mètres (par mètre)	± 1
Sur les dimensions transversales.	De moins de 2^{mm}	$+ 0,1$ / $- 0$
	De 2^{mm} à 3^{mm} exclusivement	$+ 0,2$ / $- 0$
	De 3^{mm} à 4^{mm} exclusivement	$+ 0,3$ / $- 0$
	De 4^{mm} à 5^{mm} exclusivement	$+ 0,4$ / $- 0$
	De 5^{mm} et au-dessus	$+ 0,5$ / $- 0$

§ 5. — *Emballage.*

Les barres sont livrées réunies en bottes. Il en est de même des fils, sauf ceux de faibles dimensions qui peuvent être livrés en couronnes.

Article 11.

CUIVRE EN FEUILLES ET EN BANDES.

Le cuivre en feuilles et en bandes peut être de deux qualités différentes, savoir :

Cuivre pur en feuilles ou en bandes ;

Cuivre ordinaire en feuilles ou en bandes.

Ces deux qualités ne diffèrent que par les conditions imposées relativement à la composition chimique.

Aucune condition n'est fixée relativement aux marques ou provenance des cuivres à employer dans la fabrication.

§ 1. — *Composition chimique.*

Le cuivre pur ne doit pas contenir en totalité plus de 3 p 1,000 de matières étrangères, et il ne devra pas contenir plus de 1,5 p. 1,000 d'oxygène.

Le cuivre ordinaire ne doit pas contenir en totalité plus de 4 p. 1,000 de matières étrangères.

Dans les deux qualités de cuivre, les impuretés constituées par les éléments autres que le plomb, spécifiés à l'article 8 ci-dessus, ne doivent pas entrer dans une proportion supérieure à celle indiquée audit article; le plomb ne doit pas entrer dans une proportion supérieure à 0,8 p. 1,000.

§ 2. — *Conditions mécaniques* (1).

Les éprouvettes de traction prélevées, préparées et essayées dans les conditions indiquées à l'article 4 ci-dessus, doivent donner au minimum les résultats suivants :

Résistance à la rupture........................... 22 kilogr.
Allongement p. 100............................. 38 p. 100.

§ 3. — *Épreuves de malléabilité.*

Les épreuves de malléabilité, exécutées dans les conditions fixées à l'article 5 ci-dessus, comportent des essais de pliage et des essais d'emboutissage.

Essais de pliage. — Les lamettes d'épreuve sont prélevées dans le sens perpendiculaire au laminage sur le métal recuit, de préférence dans les chutes ou dans les découpures intérieures.

---

(1) En ce qui concerne les feuilles et bandes de 1^{mm} d'épaisseur et au-dessous, les essais de traction sont remplacés par des essais de fabrication faits dans les établissements destinataires sur des échantillons prélevés par les agents du contrôle.

La nature de ces essais de fabrication est déterminée soit par l'annexe au présent cahier des charges, soit par le cahier des charges spéciales; ces documents fixent également le pour cent de rebut qui peut être admis au cours de ces essais; si ce pour cent n'est pas dépassé, les feuilles faisant partie de la livraison correspondant à chaque échantillon sont reçues définitivement; dans le cas contraire, elles sont rebutées.

Pour l'exécution des essais de fabrication, il sera prélevé une feuille ou bande sur 100 pour toutes les livraisons inférieures à 2,000 kilogr. et une feuille ou bande sur 200 pour toute livraison supérieure à 2,000 kilogr.

Elles sont préparées autant que possible à la lime; si on les ébauche à la machine-outil, on laissera au moins $0^{mm},5$ à prendre à la lime. Les arêtes vives seront adoucies.

Elles ont 40^{mm} de largeur et 150^{mm} de longueur.

Le pliage est exécuté à bloc, à la machine ou à défaut au marteau; il ne doit se produire aucune crique, fissure ou fente.

Essais d'emboutissage. — Cette épreuve s'exécute à froid sur métal recuit.

Elle est imposée pour tous les cuivres en feuilles.

Elle ne l'est pour les cuivres en bandes qu'autant que la largeur des bandes est suffisante pour permettre d'exécuter l'essai défini ci-après :

Pour les cuivres dont l'épaisseur est au plus égale à 6^{mm}, l'épreuve consiste à former au marteau une calotte sphérique de 100^{mm} de rayon terminée par une partie cylindrique. La hauteur totale de la calotte ainsi formée doit être de 150^{mm} si l'épaisseur est au plus égale à 3^{mm}, et de 120^{mm} si l'épaisseur est comprise entre 3^{mm} et 6^{mm}.

Il ne doit se produire dans l'exécution de cette épreuve ni crique ni fente.

Pour les cuivres dont l'épaisseur est supérieure à 6^{mm}, on emboutit à la machine un manchon cylindrique sphérique portant une collerette dont les dimensions sont les suivantes, e désignant l'épaisseur du cuivre :

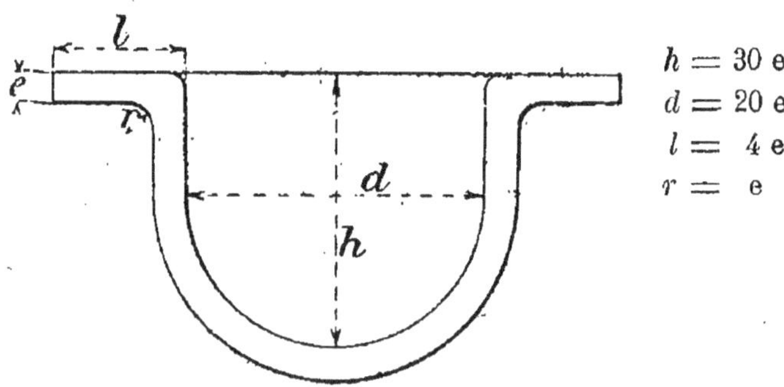

Il ne doit se produire dans l'exécution de cette épreuve ni crique ni fente.

§ 4. — *Tolérances sur les dimensions.*

Les feuilles et bandes doivent être bien dressées et coupées d'équerre.

À moins d'indications contraires spécifiées dans les cahiers des charges spéciales, les tolérances sur les dimensions sont les suivantes :

Sur la longueur.	Pour les longueurs de 2 mètres et au-dessous............................	$\pm 2^{mm}$
	Pour les longueurs supérieures à 2 mètres (par mètre)...............	± 1
Sur la largeur...		± 2
Sur l'épaisseur	Epaisseur inférieure à $0^{mm},5$	$\begin{cases} +0,06 \\ -0 \end{cases}$
	Epaisseur de $0^{mm},5$ inclus à $0^{mm},9$ exclus...............................	$\begin{cases} +0,05 \\ -0,02 \end{cases}$
	Epaisseur de $0^{mm},9$ inclus à 1^{mm} exclu................................	$-0,04$
	Epaisseur de 1^{mm} inclus à $1^{mm},5$ exclus...............................	$\pm 0,05$
	Epaisseur de $1^{mm},5$ inclus à 3^{mm} exclus...............................	$\pm 0,1$
	Epaisseur de 3^{mm} inclus à 6^{mm} exclus...............................	$\pm 0,15$
	Epaisseur de 6^{mm} inclus à 10^{mm} exclus...............................	$\pm 0,2$
	Epaisseur de 10^{mm} inclus à 20^{mm} exclus...............................	$\pm 0,3$
	Epaisseur de 20^{mm} et au-dessus......	$\pm 0,5$

§ 5. — *Emballage.*

Les feuilles et bandes d'une épaisseur inférieure à 5^{mm} sont encaissées ou réunies en châssis aux frais et par les soins du fournisseur.

Article 12.

CUIVRES EN CEINTURES POUR OBUS.

Les cahiers des charges spéciales fixent les dimensions des ceintures ainsi que les tolérances admises pour ces dimensions.

Les ceintures doivent être découpées dans des tubes obtenus, soit par l'étirage de tubes coulés, soit par l'emboutissage de disques circulaires, soit par dépôt électrolytique.

La croûte que présente la surface des tubes coulés est enlevée avant l'étirage.

Après chaque opération d'étirage, ou d'emboutissage, on fait disparaître au burin les défauts apparents.

Sauf prescriptions contraires insérées dans les cahiers des charges spéciales, les ceintures terminées sont recuites après leur découpage.

Elles sont décapées, à l'acide, vingt-quatre heures avant d'être présentées à la réception.

Les diverses conditions imposées, quant à la composition chimique, aux conditions mécaniques et aux essais de fabrication sont indiquées ci-après. Les lots de réception sont constitués par les ceintures qui, provenant de tubes fabriqués simultanément, ont formé une charge de recuit.

§ 1. — *Composition chimique.*

Le cuivre pour ceintures ne doit pas contenir en totalité plus de 4 p. 1,000 de matières étrangères, parmi lesquelles l'arsenic et l'antimoine réunis ne doivent pas figurer pour plus de 0,6 p. 1,000.

§ 2. — *Conditions mécaniques.*

Les éprouvettes sont prélevées sur des ceintures fendues suivant une génératrice et redressées à petits coups de maillet de bois.

Les ceintures dont la surface intérieure est conique ou prismatique sont préalablement amenées, sur le tour, à une épaisseur uniforme.

Les barreaux ainsi préparés sont recuits en même temps que les ceintures du lot correspondant, à moins que ces ceintures ne doivent pas être livrées recuites.

Les barreaux sont essayés dans les conditions indiquées à l'article 4 ci-dessus. Ils doivent donner au minimum les résultats suivants :

Résistance à la rupture............................	22 kilogr.
Allongement pour 100...............................	33 p. 100

§ 3. — *Épreuves de malléabilité.*

Les épreuves de malléabilité exécutées dans les conditions fixées à l'article 5 ci-dessus comportent des essais de pliage et des essais de retournement.

Essais de pliage. — Les ceintures terminées doivent pouvoir être pliées à bloc sans qu'il se manifeste aucune crique, fissure ou fente. Toutefois, pour celles dont la surface intérieure est prismatique, il est toléré des fissures ou des fentes sur les arêtes. Pour les ceintures dont la surface intérieure est conique, l'essai est arrêté lorsque le contact a été obtenu suivant la petite base du tronc de cône.

Essais de retournement. — Les ceintures terminées, sciées suivant une génératrice, doivent pouvoir être retournées et pliées sans crique, de manière à former une boucle dont l'ouverture soit égale à deux fois l'épaisseur de la ceinture. Pour les ceintures dont la surface intérieure est prismatique, on tolère des fissures ou des fentes sur les arêtes de cette surface.

§ 4. — *Emballage.*

Les ceintures sont encaissées pour le transport par les soins et aux frais du fournisseur.

Article 13.

TUBES EN CUIVRE POUR CEINTURES.

Toutes les conditions fixées à l'article 12 précédent pour les ceintures sont applicables aux fournitures de tubes en cuivre pour ceintures.

Pour l'exécution des essais, on découpe dans les tubes choisis des anneaux de 15^{mm} de largeur, sur lesquels on opère comme sur des ceintures.

Article 14.

BARRETTES POUR CEINTURES.

Toutes les conditions fixées à l'article 10 ci-dessus pour la réception des cuivres en barres sont applicables aux fournitures de barrettes pour ceintures.

Leurs dimensions, ainsi que les tolérances admises sur ces dimensions, sont fixées par les cahiers des charges spéciales.

Les barrettes pour ceintures sont encaissées pour le transport par les soins et aux frais du fournisseur.

Article 15.

RIVETS EN CUIVRE.

Toutes les conditions fixées à l'article 10 ci-dessus pour la réception du cuivre ordinaire en fils sont applicables aux fournitures de rivets en cuivre.

En outre de ces conditions, les rivets sont soumis à une épreuve spéciale de rivetage consistant à river deux feuilles de cuivre ou de laiton à l'aide d'un rivet prélevé sur chaque lot. La rivure semblable à la tête du rivet doit se faire sans gerçure. Si l'opération ne réussit pas, elle est recommencée avec un autre rivet; si cette deuxième opération ne réussit pas, le lot de rivets est rebuté.

Les tolérances sur le diamètre sont celles fixées à l'article 10 ci-dessus pour le cuivre en fil de même dimension.

Les tolérances sur le diamètre de la tête sont $\begin{cases} + 0^{mm},03 \\ - 0. \end{cases}$

Les rivets sont empaquetés pour l'expédition par les soins et aux frais du fournisseur.

Article 16.

PIÈCES EN CUIVRE.

Le cuivre employé pour la fabrication des pièces en cuivre doit, au point de vue de la composition chimique, répondre aux conditions fixées à l'article 10, § 1 ci-dessus pour le cuivre ordinaire en barres et en fils.

Les pièces doivent en principe être exemptes de soufflures, piqûres, pailles ou autres défauts de métal. Toutefois, la gravité de ces défauts est laissée à l'appréciation des agents du contrôle qui peuvent prononcer la réception de pièces en présentant quelques uns pourvu que par leur importance et leur emplacement ils ne soient pas préjudiciables au bon emploi des pièces.

Les pièces sont livrées terminées ou brutes de forge suivant les indications des cahiers des charges spéciales.

Les dimensions des pièces terminées sont définies par les cahiers des charges spéciales; à moins d'indications contraires contenues dans ceux-ci, les tolérances sur chacune de ces dimensions sont $\pm$ $0^{mm},2$. Les trous d'axe de boulons et de rivets ne sont percés que si les cahiers des charges spéciales le spécifient.

Les pièces brutes de forge sont livrées ébarbées et doivent comporter les surépaisseurs strictement nécessaires pour faire disparaître la croûte que présente leur surface après l'ébarbage.

Les pièces en cuivre sont livrées emballées par les soins et aux frais du fournisseur.

Le Sous-Secrétaire d'État
au ministère de la guerre,

Henry CHÉRON.

ANNEXE

indiquant, pour les dimensions les plus couramment employées, les conditions des essais de fabrication auxquels sont soumis les cuivres purs en feuilles et en bandes de 1ᵐᵐ d'épaisseur et au-dessous, pour emboutissages spéciaux.

Cuivre en feuilles de 0ᵐᵐ,45. — Sur chaque feuille soumise aux essais, il sera découpé une bande de 23ᵐᵐ de large.

Les bandes ainsi découpées seront ensuite amenées par une seule passe de laminage à une épaisseur comprise entre 0ᵐᵐ,29 et 0ᵐᵐ,31, puis recuites, décapées, lavées, découpées et embouties entièrement en culots ayant les dimensions ci-après :

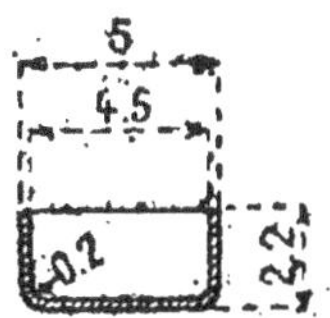

Il ne devra pas se produire plus de 3 p. 100 de culots criqués ou défoncés.

Cuivre en feuilles de 0ᵐᵐ,6. — Dans chaque feuille soumise aux essais, il sera découpé une bande de 26ᵐᵐ de large.

Les bandes obtenues seront ensuite découpées et embouties entièrement en culots ayant les dimensions ci-après :

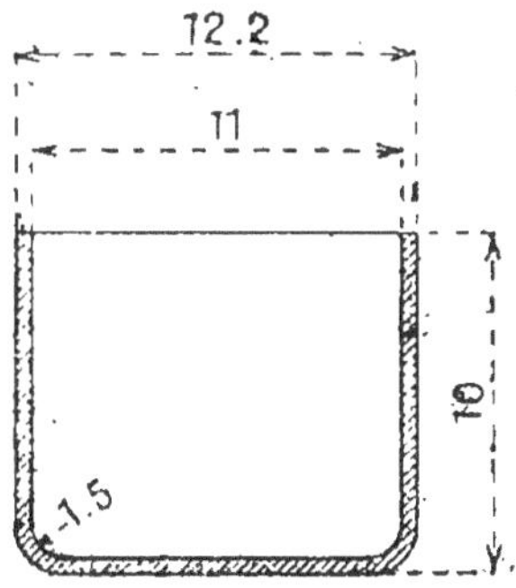

Il ne devra pas se produire plus de 3 p. 100 de culots criqués ou défoncés.

Cuivre en feuilles de $0^{mm},8$. — Dans chaque feuille soumise aux essais, il sera découpé une bande de 42^{mm} de large.

Les bandes obtenues seront ensuite découpées et embouties entièrement en culots ayant les dimensions ci-après :

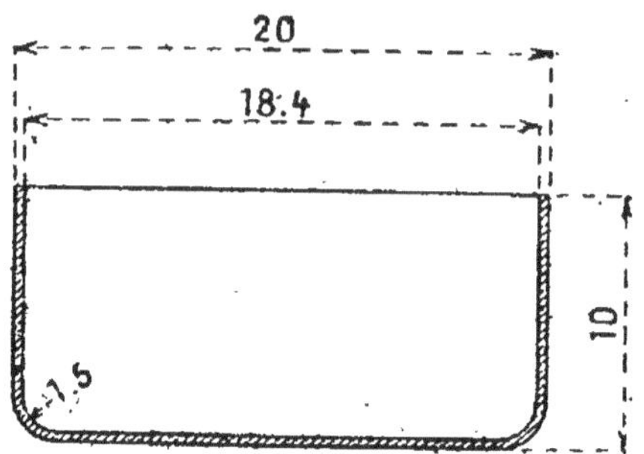

Il ne devra pas se produire plus de 3 p. 100 de culots criqués ou défoncés.

Cuivre en feuilles de 1^{mm}. — Dans chaque feuille soumise aux essais, il sera découpé une bande de 34^{mm} de large.

Les bandes obtenues seront ensuite découpées et embouties entièrement en culots ayant les dimensions ci-après :

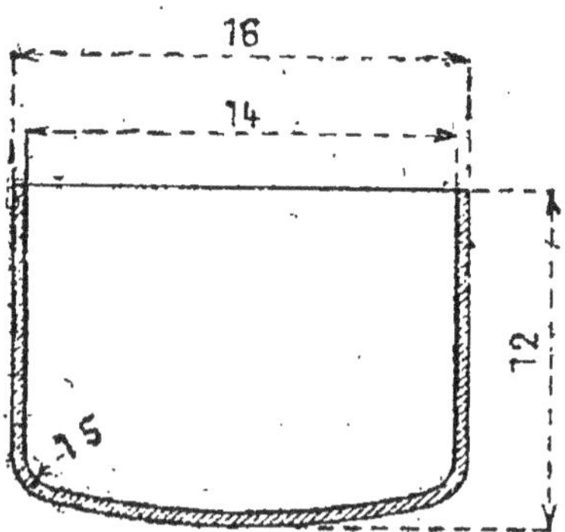

Il ne devra pas se produire plus de 3 p. 100 de culots criqués ou défoncés.

Cuivre en bandes de $85^{mm},5 \times 0^{mm},8$. — Chaque bande soumise aux essais sera découpée et emboutie en culots (par 5 culots à la fois) ayant les dimensions ci-après :

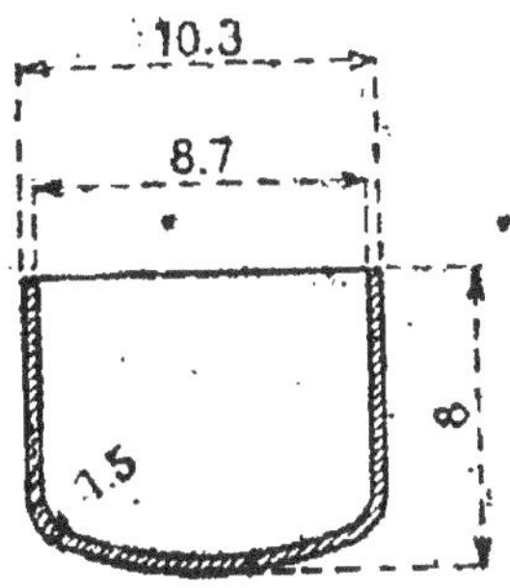

Il ne devra pas y avoir plus de 3 p. 100 de culots criqués ou défoncés.

Cuivre en bandes de 92^{mm} $\times$ 0^{mm},8. — Chaque bande soumise aux essais sera découpée et emboutie en culots (par 3 culots à la fois) ayant les dimensions ci-après :

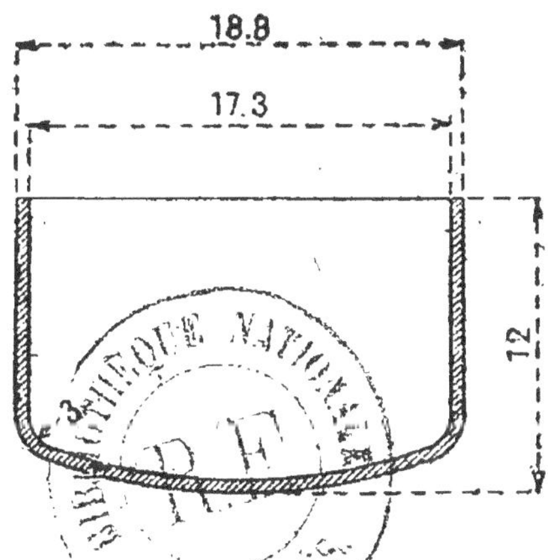

Il ne devra pas y avoir plus de 3 p. 100 de culots criqués ou défoncés.

Paris et Limoges. — Imprimerie militaire CHARLES-LAVAUZELLE.

Imprimerie militaire
Henri CHARLES-LAVAUZELLE
PARIS ET LIMOGES